Garlieb Merkel

Die ostfriesische Insel Borkum

Garlieb Merkel

Die ostfriesische Insel Borkum

ISBN/EAN: 9783743421301

Hergestellt in Europa, USA, Kanada, Australien, Japan

Cover: Foto ©Andreas Hilbeck / pixelio.de

Garlieb Merkel

Die ostfriesische Insel Borkum

Die

ostfriesische Insel

Borkum.

Borkum, im September 1859.

Hannover.

Carl Rümpler.

1860.

Die

ostfriesische Insel

Borkum.

Borkum, im September 1859.

Hannover.

Carl Rümpler.

1860.

Dem

Herrn Professor Dr. G. Hanssen

zu Göttingen

sind diese Blätter,

gesammelt während eines dreiwöchentlichen Aufenthaltes auf
der schönen Insel Borkum,

in Liebe und Hochachtung

gewidmet

von

G. Merkel,
Stadtsecretair zu Hannover.

1.

Die Insel.

Borkum, die größte und westlichste ostfriesische Insel, liegt zwischen der Insel Juist und dem holländischen Eilande Rottum, in der Mündung der Ems, und theilt diesen Fluß vor seinem Eintritt in das Meer in zwei Arme, die Oster= und Wester=Ems, beide für die größten Schiffe fahrbar.

Die Insel ist gegenwärtig drei Wegstunden lang und eine Wegstunde breit und der Ueberrest jener großen Insel, die nach alten Nachrichten von der Knock an dem linken Ufer der Ems bis jenseits des Borkumer Riffes sich in einem Umfange von 15—20 Quadratmeilen ausdehnte, die aber durch die Gewalt der Fluthen und Stürme zerrissen in die Inseln Borkum, Band, Buise und Juist zerfiel. Die nördliche Hälfte wurde vom Meere verschlungen und bildet jetzt das die Insel gegen den Anprall der nördlichen Fluthen schützende Borkumer Riff, den Schrecken der Seefahrer.

Im 9. Jahrhundert hing Band noch mit Borkum zusammen, wurde aber 1170, wo die Oster=Ems durchbrach, davon getrennt und im 17. Jahrhundert überwältigt. Die Insel Buise wurde erst am Ende des vorigen und im Anfange dieses Jahrhunderts ein Raub der Wellen. Jetzt ist Borkum bereits in zwei Theile, das Ost- und Westland, zerschnitten, und wenn auch beide noch durch eine breite hohe Sandbank, die selten von Fluthen überspült wird, verbunden sind, so kann die Zeit nicht mehr fern sein, wo das Meer sich zwischen beiden Theilen dauernd Bahn bricht. (Divide et impera.)

Wie die übrigen Nachbareilande liegt auch Borkum am Nordstrande im Abbruche, doch weniger bedeutend als Norderney und Wangeroge.

Um aber den Schiffern bei der gefährlichen Einfahrt in die Ems einen sicheren Punkt, namentlich Nachts zu geben, erbaueten die Embder Kaufleute Ao. 1576 auf der Insel einen Leuchtthurm, dessen Feuer 150 Fuß über den Meeresspiegel erhaben ist. Früher ein flackerndes Kohlenfeuer, dann ein vielflammiges Oellicht, zeigt der jetzt dort aufgestellte Fresnel'sche Leuchtapparat ein klares festes Licht, das mehr als neun englische Seemeilen weit gesehen werden kann.

Außerdem stehen auf dem Westende drei hölzerne Baaken oder houte Kaapen, etwa 50 Fuß hohe starke hölzerne Balkengerüste, nach oben sich in eine Spitze verjüngend, die auf hohen Dünen belegen, schwarz getheert weit in der See zu sehen sind. Solcher Baaken finden sich auch auf dem Ostende zwei. Auf den anderen Seiten dagegen hat die Insel seit Menschengedenken eine Umgestaltung nicht erfahren; so ist namentlich das Fahrwasser der beiden Emsarme, sowie die Fischerbalje und Rhede im Süden unverändert geblieben.

Das Dorf Borkum liegt um den Leuchtthurm gruppirt auf dem Westlande und zwar an der nördlichen Seite desselben, im Süden, Norden und Westen von einer etwa ⅛ Meile breiten Dünenreihe gegen das Meer und die Stürme geschützt. Die Dünen bilden ein vollkommenes Hufeisen, nach Osten offen, in welchen die Ortschaft mit ihren Gärten und Wiesen sicher und freundlich zugleich belegen ist. Gegen Osten verlaufen die Weidegründe allmälig in das die Insel vom Festlande trennende Watt. Um den Ort auch nach dieser Seite hin zu sichern, ist ein etwa 14 Fuß hoher Deich von der westlichen zur südlichen Dünenreihe quer durch das Land gezogen, der die Grenze zwischen dem den Borkumern eigen gehörigen Binnenlande und dem von dem Königlichen Domanio in Anspruch genommenen Ausdeichlande bildet.

Das Ostland ist eine fruchtbare Ebene mit einigen Bauerhöfen und einer dieselbe umschließenden Dünenreihe, welche nach Süden sich öffnend nach dieser Seite durch einen Deich geschützt ist.

Die Dünen sind die natürliche Schutzwehr gegen die Wasserfluthen und Stürme. Sie zu erhalten und da zu schaffen, wo das Meer einzubrechen droht, giebt es nur ein Mittel, die sorgfältige Pflegung und Anpflanzung von Sandhafer und sogenanntem Halm. Mit seinen, wie lange Schnüre und Faden den Boden durchziehenden und durch einander dicht verwachsenen Wurzeln befestigen diese Gewächse den flüchtigen Sand der Dünen; der wehende Sand findet an ihnen einen Halt, erhöhet die Düne mehr und mehr, in dem befestigten Boden schlagen auch andere Sandpflanzen

Wurzel und bilden binnen Kurzem eine dichte grüne Decke, welche die Düne gegen die Sandwehen und Wellen schützt. Seit alten Zeiten daher schärfen Verordnungen die jährliche Cultur jener Pflanzen ein, und die Regierung verwendet jährlich etwa 200 ℳ zu Anpflanzungen, die von den Insulanern gegen billigen Tagelohn ausgeführt werden.

Das für Borkum so höchst wichtige Problem, die Verbindung des Ost- und Westlandes durch eine nördliche Dünenreihe, harrt noch seiner Erfüllung. Wiederholt sind von der Wasserbaubehörde Versuche gemacht, aber immer haben die winterlichen Fluthen die Arbeiten fortgerissen. Die Insulaner sind der Meinung, daß das Werk bisher verkehrt angegriffen sei, und daß bei einem richtigen Vorschieben der Dünen von beiden Seiten binnen zehn Jahren ohne bedeutende Kosten die Verbindung der beiden Theile der Insel hergestellt sein könnte. Dadurch würden tausende von Morgen trostloser Sandfläche in fruchtbares Land verwandelt und dem Festlande ein Bollwerk gegen das Meer auf alle Zeiten gesichert.

Ganz ähnlich lagen die Verhältnisse auf der Insel Rottum. Dort ist die Verbindung der Inseltheile hergestellt und damit gezeigt, wie man auf Borkum zu verfahren haben würde.

Vor den übrigen Nordseeinseln hat Borkum den Vortheil, süßes Wasser in großer Fülle zu besitzen. Das Binnenland mit seinen schönen Wiesen ist durchschnitten von Gräben und Teichen, deren abfließendes Wasser im Außendeichlande ein Flüßchen, das Hoop genannt, bilden. Außerdem liegen in den Dünenkesseln hin und wieder sumpfige Teiche, die Todtemannsdelle, die Kibitzdelle und das lange Wasser, welche von den wasserarmen Nachbarinseln große Schaaren von Wasser= vögeln heranziehen, die Morgens und Abends auf ihre salzige Kost einen süßen Trunk nehmen.

So verheerend das Salzwasser wirkt, wenn es ein= mal die Weiden des Außendeichlandes überschwemmt, so üppig ist die Vegetation da, wo der Boden, der vom reinsten Sande bis zum schweren Kleiboden alle Ab= stufungen darbietet, vom süßen Wasser getränkt wird. Reich ist die Flora der Dünen auf Norderney*) und nicht mit Unrecht eine Alpennatur im Kleinen genannt, aber ungleich reichhaltiger und üppiger ist die Pflanzen= welt auf dem grünen Eilande Borkum.

Reich ist die Insel an Seevögeln aller Art, namentlich im Spätherbste, wo der Strand nicht nur von Möven und Strandläufern, sondern auch von wilden Enten, Gänsen und Schnepfen belebt ist.

In den Dünen hausen Tausende von wilden Ka= ninchen, die den Badegästen eine unterhaltende Jagd gewähren.

----

*) S. von Halem, die Insel Norderney.

---⋆---

Charakter und Lebensweise der Insulaner.

Zum richtigen Verständnisse des Borkumer Volkes und Wesens ist ein Blick auf seine interessante Vergangenheit nöthig. Die Insel hat wie natürlich die Schicksale des benachbarten Ostfrieslands getheilt, zu den Zeiten der Römer, von denen sie besetzt gewesen sein soll, und unter den Fürsten Ostfrieslands.

Nach dem Tode des letzten Fürsten Carl Edzard, im Jahre 1744, nahm Friedrich II. von Preußen die Provinz in Besitz vermöge der vom Kaiser Leopold 1694 dem Kurhause Brandenburg ertheilten Anwartschaft. Der Tilsitter Frieden vereinte Ostfriesland mit Holland und Napoleons Dekret vom 9. Juli 1810 mit Frankreich. Nach der Schlacht bei Leipzig nahm es Preußen in Besitz und trat es im Anfange des Jahres 1816 an das Königreich Hannover ab.

Die Insel gehört zum Amte Emden und hat einen eigenen Voigt, theils wegen der Entfernung vom Sitze des Amtes, theils wegen der vorkommenden Strandungsfälle und im Interesse der Schifffahrt.

Bis vor etwa 50 Jahren lebten die Insulaner von der Seefahrt, die Landwirthschaft hatte wenig Bedeutung. Sie fuhren auf ostfriesischen und holländischen Schiffen, und waren bekannt als geschickte und ehrliche Männer.

An der Blüthe des holländischen Wallfischfangs nahm das Inselvolk lebhaften Antheil. Es stellte eine große Anzahl von Commandeuren, „Commodore", die auf holländische Rechnung und als „Bürger" Hollands (eine Bezeichnung, die sich noch erhalten), nach Grönland und der Straße Davids auf den Fang fuhren und Steuerleute und Matrosen von Borkum mitnahmen. Dies war das goldne Zeitalter der Insel, die damals dreimal stärker bevölkert war, als jetzt. Jene Zeit lebt noch in der Erinnerung der Leute; manche Sage spricht noch von den Commodoren und dem Regen von holländischen Gulden, den sie mit ihren Leuten alljährlich nach ihrer Rückkehr über die Insel in echt seemännischer Freigebigkeit ausschütteten. Wo noch Vermögen in den Familien vorkommt, schreibt es sich von ihnen her. Die besteingerichteten Häuser mit den antiquen Möbeln, hübschen Kaminen, chinesischen Porcellan 2c., die Gärten befriedigt mit Wallfischrippen und Kinnladen sind einst Sitze dieser Commodore gewesen, in denen sie von ihren mühseligen Seefahrten Winters und den Abend ihres vielbewegten Lebens ausruheten.

Mit der Vernichtung des holländischen Handels durch die Engländer am Ende des vorigen Jahrhunderts versiegte plötzlich diese Quelle des Glückes. Der Wallfischfang hatte ein Ende, für das durch reichen Verdienst verwöhnte Inselvolk ein Schlag, den es nicht hat überwinden können. Die Commandeurs und Matrosen, die sich Etwas erworben hatten, setzten sich auf der

Insel zur Ruhe; die übrigen zerstreuten sich auf fremde Flotten. Die Seefahrt verlor mit dem reichen Gewinne ihren Reiz, die Bevölkerung nahm rasch ab, manche verlassene Wohnungen geriethen in Verfall und mußten abgebrochen werden. Die Ereignisse, die in der französischen Zeit den Handel der ostfriesischen Seestädte zu Grunde richteten, nämlich die Wegnahme ihrer Schiffe durch die Engländer im Jahre 1806 und die Continentalsperre, schnitten auch dort den seefahrenden Insulanern die Gelegenheit zum Verdienste ab und so ist denn der Umschwung zu erklären, der in dem Leben des Inselvolkes sich zugetragen hat.

Während zur Zeit der Commodore nur 12 große Bauern in das ganze Land sich theilten und die seefahrende Bevölkerung den Pflug verschmähete, wandte sie sich nach jenen Schicksalsschlägen mehr und mehr der Landwirthschaft zu. Vor 60—80 Jahren lebten noch nahe an 1500 Menschen im Wohlstande auf der Insel, jetzt, nachdem das Land jener Bauern unter ihnen getheilt ist, kaum 450 in 84 Wohngebäuden, von denen 5 auf dem Ostlande belegen sind.

Aber eine bessere Zeit und eine glücklichere Periode im Leben des Inselvolkes wird wiederkehren, wenn das Seebad auf Borkum mehr und mehr in Aufnahme kommen wird.

Dieser kurze Abriß aus der Geschichte des Inselvolkes führt zu einem richtigen Verständnisse seines Charakters, seiner Sitten und Gebräuche.

Der Grundton im Charakter des Borkumers erinnert an seine friesische Abstammung. Liebe zur Heimath und zur Freiheit, Ehrgefühl und Selbstvertrauen, Offenheit, Bedächtigkeit und Beharrlichkeit sind friesische Nationaltugenden. Man wird sie den Insulanern eben so wenig absprechen können, wie den Eigensinn, den Hauptfehler des Friesen. Dazu wirft man den Insulanern Trägheit vor, und wie es scheint trifft mit Recht dieser Vorwurf die Männer, nicht die Frauen, von denen sich bei diesem Völkchen behaupten läßt, daß sie besser sind als jene.

Wenn vor 50 Jahren die männliche Bevölkerung im Herbste von gefahrvollen Seereisen zurückkehrte, und unbekannt mit dem Spaten und andern Handthierungen Winters beim warmen Ofen ausruhte von den erlittenen Strapazen, wenn die Frau indessen für Haus, Garten und Vieh sorgte, so wird Niemand die Männer faul schelten. Jetzt aber hat das Seefahren fast aufgehört, eine nennenswerthe Beschäftigung ist nicht an die Stelle getreten, die Frauen aber führen nach wie vor die Wirthschaft, und so findet die Frage, was treiben dann die Männer? keine befriedigende Antwort. Es hat sich bei ihnen offenbar die traurige Indolenz festgesetzt, welche meist die Folge von Schicksalsschlägen ist, wie das Inselvolk in seinem Erwerbe sie getroffen hat. Es ist dieselbe Erscheinung, welche wir insbesondere in Emden, der einst so reichen, jetzt so herabgekommenen Seestadt wahrnehmen. Die Entmuthigung wirkt chronisch. Die Gelegenheit zu großen Geschäften ist vorbei, aber die Idee: keine Anstrengung ohne reichen Gewinn, sitzt noch fest. Gewöhnliche Verdienste werden nur mitgenommen, soweit sie zum Leben eben ganz nothwendig sind. Die Frauen und Mädchen dagegen sind vom Morgen bis zum Abend Winter und Sommer thätig und haben viel mehr Arbeit als die Ostfriesinnen; daher ostfriesische Mägde es selten lange auf der Insel aushalten. So werden auch die Hofenhandlungen und Gastwirthschaften von den thätigen Frauen betrieben. In Folge dieser Führung der Haushaltungen durch die Frauen üben sie eine, wenn auch wenig merkliche, doch sichere Herrschaft über die Männer aus.

Die Kinder werden auffallend zärtlich behandelt und haben früh ihren eignen Willen. Große Jungen werden mit „myn-lütje Söhn" gerufen, befohlen wird wenig, Alles ins Wollen verstellt. Diese Erziehung war die richtige, so lange das Volk ein seefahrendes war und der Junge in früher Selbstständigkeit mit dem 14. Jahre auf See ging. Jetzt aber, wo Alles auf dem kleinen Flecke zusammenhockt, ist der Mangel an Autorität sehr fühlbar. Die beklagte Indolenz wird gefördert, Unsittlichkeit tritt noch mehr auf und Heirathen müssen oft in Folge gänzlich ungebundenen Verkehrs in früher Jugend und ohne Aussicht auf Erwerb, zur Ehre beider Theile geschlossen werden.

Die niedrigen Gebäude der Insulaner sind denen in Ostfriesland gleich, sie vereinigen unter einem Dache Wohnung, Stall und Scheuer. Jedes Gebäude ist durch eine bis zur Dachspitze gehende Mauer in das kleinere Vorderhaus und das die Scheuer und Stallung enthaltende Hinterhaus getheilt. Das Vorderhaus besteht aus einem 6—8 Fuß breiten Gange, der vor jener Mauer liegt. Während auf der einen Seite dieses Ganges die in das Hinterhaus führenden Thüren

liegen, führt an der anderen Seite eine Thür in die
große Küche und die Kellerkammer, welche Räume in
der Regel die ganze Breite des Hauses einnehmen; hin
und wieder ist noch ein kleines Zimmer angebracht.
Ueber der 5—6 Fuß hohen, mit rothen Backsteinen
gepflasterten Kellerkammer liegt die s. g. Aufkammer.
Die große Küche ist meist gedielt; an der einen Seite
ist zu ebener Erde ein offener Feuerheerd mit einer
5—6 Fuß langen, halb so breiten blanken eisernen
Platte belegt, die Wandseite mit weißen Fliesen. Dar-
über ist in einer Höhe von 5 Fuß ein mit schmalen
Vorhängen besetzter Rauchfang von Fliesen angebracht.
An einer anderen Seite der Küche finden sich hinter
kojenähnlichen hölzernen Verschlägen zwei breite Bettstellen, die so hoch sind, daß man nur mittelst einer
Bettbank hineinsteigen kann. Die große Küche dient
im Winter zur Wohnung der Familie, im Sommer
wird sie den Badegästen eingeräumt. Die Thür, von
dem Gange nach dem Hinterhause hin, führt zuerst
in eine kleine Küche, welche bloß durch eine dünne
Mauer vom Kuhstall getrennt, mit einem Feuerheerd
und Bettstellen versehen und mit rothen Fluren gepflastert
ist; dies ist der Aufenthaltsort der Familie während
des Sommers. Von da tritt man in den Kuhstall.
Das Hinterhaus ist durch Ständerwerk der Länge nach
in 3 Abtheilungen getheilt. In der einen befinden sich
längs der Außenwand die Kuhstände, so daß die Kühe
mit dem Kopfe gegen die Mauer gekehrt sind. Die
Abtheilung in der Mitte, wie die erstere 18—20 Fuß
breit, dient zur Aufbewahrung des Heues und Torfes
und heißt Banse oder Gulf.

An der anderen Seite des Gulfes liegt in Ostfriesland die Dreschflur. Da aber auf Borkum nicht ge-
droschen wird, so hat man hier nur einen schmalen
Gang, der zur Aufbewahrung von Brettern, Eisen-
geräthen ꝛc. dient und hinten zu Schweine- oder Kälber-
ställen abgeschoren ist. Wo Pferde sind, pflegen sie
im hinteren Theile des Gulfs zu stehen, mit den Köpfen
dem Gulf zugewendet.

Ueberall ist das Hinterhaus mit Backsteinen gepflastert und reinlich gehalten. Der Unrath wird in
steinernen Rinnen von den geneigt angelegten Vieh-
ständen geleitet. Streu erhält das Vieh nicht.

Die Dächer sind mit Ziegeln gedeckt, die Außen-
wände des Hauses von Backsteinen aufgeführt. Während
die Wände im Vorderhause eine Höhe von 8—10 Fuß
haben, sind sie am Hinterhause, wenn das Dach, um
Raum zu gewinnen, weiter nach unten geführt ist, oft
nur 4 Fuß hoch. Ein solches Haus, etwa 20 Fuß
breit und 40 Fuß lang, kann gegenwärtig für 1000
bis 1500 Gulden holl. gebaut werden.

Die Kleidung der Insulaner ist einfach, von dun-
keln ordinären Stoffen, ohne nationale Eigenthümlich-
keiten; Schmucksachen kommen selten vor.

Die tägliche Lebensweise ist dieselbe, wie an der
holländischen und ostfriesischen Küste. Morgens, Nachmittags und Abends wird Thee aus kleinen Tassen
getrunken und dazu geschrotenes Brod mit Butter oder
Schafkäse genossen. Mittags bilden Kartoffeln, Bohnen, Pfannkuchen und Klöße von Gerstenmehl mit
Buttermilch, auch wohl Syrup die Kost. Fleisch kommt
selten auf den Tisch.

Die Insulaner lieben die Geselligkeit sehr, schwatzen gern auf den Straßen oder vor ihren Häusern.

Lustbarkeiten giebt es schwerlich irgendwo weniger als hier. Getanzt wird sehr selten, bisweilen im ganzen Jahre nicht. Auf der ganzen Insel versteht Niemand ein Instrument zu spielen. Kommen in der Badesaison zufällig mit dem Dampfschiffe Musikanten, so wird im Amtsvoigteihause die Nacht hindurch bei einem Genever, so gut es der völlige Mangel an Uebung zuläßt, herumgesprungen. Bei solchen Gelegenheiten soll es bisweilen wüst hergehen.

Die Festtage des Jahres werden nicht wie auf dem Festlande begangen. Der Christbaum im Weihnachtsfeste ist, wie in Holland und dem größten Theile von Ostfriesland, unbekannt. Am zweiten Weihnachtstage besuchen sich die Familien Nachmittags und Abends und dann giebts Chokolade.

Solche Besuche der Familien unter einander, woran Alt und Jung Theil nimmt, finden auch an andern Festtagen Statt. Sonntags Abends pflegen die Familien zu einer verwandten Familie zu gehen, wo bei einer Tasse Thee die Tagesneuigkeiten besprochen werden, während die erwachsene Jugend, Jungen und Mädchen in 2 Gruppen getrennt, durch die Straßen zieht und später paarweise lustwandelt. Am zweiten Pfingsttage Nachmittags zieht das junge Volk mit Mundvorrath auf das Ostland, wo auf den Wiesen Thee gekocht, spaziert und Spiele, als Blindekuh, Seifenverkaufen gespielt werden. In den Ostertagen treibt sich die Jugend auf der großen Binnenwiese umher, die Jungen werfen mit Schleudern hartgesottene bunte Hühnereier in die Luft und laufen in die Wette, um sie wieder zu finden und zu verzehren. Die Mädchen nehmen daran Theil, nur daß sie die Eier mit den Händen in die Höhe werfen. Die Geburtstage werden mit Präsenten und Chokolade gefeiert.

Auffallend bedeutend ist der Consum an gebrannten Wassern. Nothwendig zur Erhaltung der Gesundheit ist der Branntwein, wie manche tüchtige Männer beweisen, hier eben so wenig, wie auf dem Festlande; bei der zehrenden Seeluft und den vielfach vorkommenden Arbeiten im Nassen aber gewiß weniger schädlich als dort. Leider aber nimmt das übermäßige Branntwein= trinken seit einigen Jahren zu und sind dadurch einige Familien bereits an den Bettelstab gekommen. Die Männer sieht man bei der Arbeit nie, wohl aber bei ihren Familienzusammenkünften Taback, aus langen ir= denen und kurzen Pfeifen, wie sie im Inlande gebräuch= lich, rauchen.

Bei Begräbnissen finden keine Schmausereien statt. Es wird einfach den eingeladenen Trägern, guten Freun= den und Verwandten, Thee gereicht. Unverheirathet ge= wesene Verstorbene werden von den jungen Männern zu Grabe getragen, während Eheleute von verheiratheten Männern beerdigt werden. Dabei folgen Männer und Weiber dem Sarge und sogar die hinterbliebene Wittwe ihrem geschiedenen Manne, wenn sie dazu die körperliche Kraft hat.

Die Sprache der Insulaner ist ein Gemisch; jetzt mehr das ostfriesische Plattdeutsch, früher bei dem leb= haften Verkehr der Väter mit den Holländern rein holländisch; wie denn auch noch immer nach holländi=

schem Gelde gerechnet wird und bis vor wenigen Jahren noch in holländischer Sprache in der Schule die Lehrgegenstände vorgetragen wurden und deutsche Bibeln und Gesangbücher noch jetzt selten vorkommen.

Die verbreitetsten Familiennamen sind die der Wybrands, Bekaan, Backer, Staghouwer, Teerling; die gewöhnlichen Vornamen Hinderk, Jürgen, Geerd, Klaus, Jan, Willem, Jakob, und für die Frauen Tetje, Antje, Nantje, Sotje.

Landwirthschaft.

Bei der Darstellung der Grundlage der Ernährung des Inselvolkes, der Landwirthschaft, ist es nothwendig, wegen Verschiedenheit der Wirthschaften, das Ostland vom Westlande getrennt zu behandeln.

Auf dem Westlande waren in der goldenen Zeit der Insel nur 12 große Bauernhöfe, „Altbauernplätze", die unter dem Pfluge waren, wie jetzt noch die Höfe des Ostlandes; den Beweis dafür liefert das jetzt stets in Graswuchs liegende Binnenland, wo die alten Acker= stücke mit ihren hohen Rücken noch überall zu erkennen sind. Nachdem das Volk das Seefahren mehr und mehr aufgab, zerfielen jene Höfe schnell in zahlreiche kleine Wirthschaften von ungenügendem Umfange. Die Landwirthschaft ist jetzt höchst einfach, eigentlich eine reine Viehwirthschaft.

Neben dem Hause liegt ein Garten, groß genug um an Kartoffeln, Bohnen, Erbsen und Kohl den nothwendigen Bedarf für die Familie zu liefern. Zur Ernährung des Viehes dienen eigene oder erpachtete Stücke Wiesenland innerhalb des Deiches und die gegen

ein unbedeutendes Weidegeld geöffneten Außendeichweiden.
Der Bau von Getreide kommt nur sehr selten in den
Gärten vor, eigentliche Ackerwirthschaft gar nicht mehr,
wie es denn dort keinen Pflug mehr giebt. Zur Ortschaft Borkum gehören etwa 40 Morgen Garten- und
400 Morgen Wiesenland.

In Folge der freien Theilbarkeit und des unbe-
schränkten Eigenthums am Boden, ist das Land so par-
cellirt, daß jene 400 Morgen Wiesen in 1100 im
buntesten Gemenge liegende Stücke zerfallen. Der
größte Grundbesitzer hat seine 26 Morgen Wiesen
an 94, ein kleinerer Bürger seine 2½ Morgen an
13 verschiedenen Stellen. Von den etwa 90 Grund-
besitzern kommen durchschnittlich auf jeden nur 4½ Morgen
Wiesenland!

Der Umfang und die Bedeutung einer Wirthschaft
wird durch die Größe des Besitzes an Wiesengrund im
Binnenlande bestimmt. Wer hier 2 Morgen 17¹/₇ ☐Ruthe
(eine Kuhweide) eigen oder gepachtet hat, kann eine Kuh
halten und daneben ein Kalb und einige Schafe durch-
füttern.

Die größeren Wirthschaften halten bei einem Grundbesitze von 10 Morgen Wiesenland 4 oder 5 Milchkühe
mit einigen Rindern und 4—10 Schafen. Solcher
Wirthschaften sind im Orte etwa zwölf. Doppelt
so groß ist die Zahl der Haushaltungen, welche mit
einem geringeren Grundbesitze 2—3 Milchkühe, 1 oder
2 Rinder und einige Schafe halten. Etwa 30 Familien
sind in dem Besitze nur einer Kuh und 1 Stücks Jungvieh.

Bei dieser einfachen Wirthschaft bestehen die ländlichen Arbeiten in der Bearbeitung der Gärten, der

wenigen Wiesentheile und der Sorge für das Vieh.
Die Bestellung der selten über 30 Quadratruthen großen
Gärtchen erfordert wegen ihres leichten Bodens weniger
Mühe als die Erhaltung der Lattenverschläge und Wälle
von Grassoden gegen das Eindringen des Viehes.

Die Wiesen werden im Frühjahre stark gedüngt
und Ende Juli oder Anfangs August einmal gemähet.
Die meiste Zeit und Mühe nimmt das Vieh in Anspruch.

An Hornvieh zählt man auf dem Westlande etwa
150 Stück Milchvieh, 20—24 zweijährige (Twenter)
und 50 einjährige Rinder (Enter), leichter von Bau
als die schwere ostfriesische Race. Die Zucht ist, wie
überall, wo auf den Weiden die verschiedenen Alter und
Geschlechter frei verkehren und die Stiere im Winter
gegen Meistgebot verdungen werden, sehr vernachlässigt.
Winters wird das Vieh auf den Ställen mit Heu ge-
füttert, im Frühjahr meist sehr abgemagert so früh wie
möglich hinausgetrieben, weidet dann bis zum 25. Mai
auf den Wiesen des Binnenlandes, wird dann, nachdem
diese zur Heugewinnung in Zuschlag gelegt sind, auf
das herrschaftliche Außendeichland gegen ein geringes
Weidegeld von 1 ₰ für die Kuh und ½ ₰ für das
Rind geführt, nach Vollendung der Heuernte Ende
Juli wieder auf den Binnenlandswiesen zugelassen und
weidet so lange es die Witterung gestattet. Allabendlich
kehrt das Milchvieh mit sinkender Sonne nach Hause
zurück, wo es in einem neben den Stallungen einge-
friedigten Raume, „das Hock" genannt, die Nacht
im Freien zubringt. Dort wird es Abends bei seiner Ankunft und Morgens vor seiner Entlassung
gemolken.

Die nicht sehr fette aber wohlschmeckende Milch wird nur von den Badegästen frisch genossen, sonst regelmäßig verbuttert, nachdem sie 1—2 Tage in runden hölzernen Bütten mit niedrigem Rande gestanden hat. Bei drei und mehr Kühen wird täglich gebuttert. Die während der Badesaison gemachte Butter wird sämmtlich frisch consumirt, die übrige nach Abzug des geringen Verbrauchs in den Haushaltungen eingeschlagen und an Emdener Kaufleute für 6—7½ sgr das Pfund verkauft.

Im Spätherbste sieht der ganze Ort den vom Festlande kommenden Viehhändlern mit Spannung entgegen. Jede Haushaltung verkaufte gern das eine oder andere Stück. Ist die Heuernte nicht sehr gut ausgefallen, so befindet sich die Bevölkerung in einer sehr unvortheilhaften Stellung den wenigen Händlern gegenüber, indem sie bei dem Mangel an Winterfutter à tout prix verkaufen muß. Die Preise stellen sich daher meistens 2 Louisd'or billiger als auf dem Festlande. Das verhandelte Vieh führen die Borkumer Schiffer in ihren 16—18 Stück haltenden Schaluppen für 1 Gulden holl. das Stück hinüber an's Festland.

Das Abführen des Viehes auf die Schiffe giebt zu den komischsten Scenen Veranlassung, indem diese an völlige Freiheit gewöhnte Thiere die wildesten Sprünge machen und unter dem Gelächter der in den Hausthüren stehenden Frauen die nicht ungelenken Männer nicht selten in die verzweifeltsten Situationen bringen.

An Pferden, die angeblich norwegischen Ursprungs, von gedrungener Statur, starkem Knochenbau und lang geschweift sind, besitzt das Dorf Borkum etwa 8 Spann.

Zu den unbedeutenden ländlichen Arbeiten, den Mist-, Heu- und Plaggenfuhren, würde die Haltung von Pferden eben nicht nöthig sein; aber die vielen Fuhren nach dem vom Orte eine Stunde weit entfernten Landungsplatze zur Einholung von Korn, Stroh, Torf und Baumaterialien u. s. w., ferner die Fuhren bei Strandungen von Schiffen und endlich die Beförderung der Badegäste von und nach der Rhede und auf Vergnügungstouren, machen die Pferde unentbehrlich und deren Haltung vortheilhaft. Außer den größeren Wirthschaften, die mehrentheils zu zweien ein Spann von 2 Pferden halten, sind zwei Leute eigentliche Fuhrleute, die ihre Familien lediglich von dem Ertrage jener Frachten ernähren. Während die Schiffer die Communication zwischen dem Festlande und der Borkumer Rhede herstellen, vermitteln sie für 15—30 *sgr* den Transport von dort in das Dorf, und sollen bei bequemern Leben weiter kommen, als die Schiffer.

Dies ist um so eher erklärlich, als die Pferde auf dem weiten herrschaftlichen Außendeichlande freie Weide haben und daher der Pferdehalter nur für das nöthige Winterheu zu sorgen hat. Gelingt es ihnen im Herbste, ein Fohlen, welches den Sommer über frei geweidet und daher keine Auslagen verursacht hat, für 5—6 Louisd'or zu verkaufen, so kann die Pacht für einige Wiesenstücke ohne Beschwerde getragen werden.

Sehr beliebt ist auf der Insel die Haltung von Schafen, es ist eine große hochbeinige Race mit langer grober Wolle und kurzem kahlen Schwanze. Die meisten wohlhabenderen Haushaltungen haben 3—4, die kleineren, die nur 1 Kuh besitzen, 2 Mutterschafe.

Bei ganz armen Leuten vertritt das Schaf wohl die Stelle der Ziege. Die Seuchen der verflossenen Jahre haben auch die Schafheerde Borkums auf etwa 200 Schafe und 200 Lämmer reducirt. Für das geringe Weidegeld von 5 *sgr* weidet das Schaf das ganze Jahr hindurch auf den weiten Flächen des Außendeichlandes. Stehen dieselben Winters unter Wasser, so ziehen sie sich in das Binnenland zurück oder werden, wenn der Schnee zu hoch liegt, in den Ställen mit Abfall und Heu hingehalten. Die fette Milch wird meist zu Käse, viel aber auch roh zum Kaffee und Thee genossen, die Wolle in den langen Wintertagen versponnen, in Emden verwebt und sodann zum Unterzeuge der Bevölkerung verwendet. Mit dem übrigen Vieh werden im Herbste auch die älteren Schafe und fetten Hammel (80—100 Stück) an die Händler verkauft.

Schweinezucht kann selbstverständlich auf Borkum nicht getrieben werden, weil dies Vieh die Wiesen und Weiden völlig ruiniren würde. Die Haushaltungen, die 2 und mehr Kühe haben, kaufen sich im April ein Ferken im Ostlande, mästen es mit Buttermilch, Küchenabfall, auch Gerstenmehl, um im November das Thier zu schlachten. —

Ganz verschieden von den Wirthschaften auf dem Westlande wird die Landwirthschaft auf dem Ostlande betrieben. Während dort das ungebundene Eigenthum bei freier Theilbarkeit zersplittert wurde, hielt das herrschaftliche Erbpachtverhältniß die „Plätze" hier zusammen. Neben den nach holländischer Art gebauten Häusern liegen größere Gärten; Raps-, Klee- und Getreidefelder von wasserreichen Gräben durchzogen, schließen sich daran, in Süden begrenzt von dem Deiche, über welchem hinaus das Vieh weidet, das Ganze eine Oase inmitten der Sandwüsten, der Dünen und der öden Fläche des Meeres.

Von den 250 Morgen Ackerland, die ein Erbpacht-geld von 150 Gulden aufbringen, gehören zu dem größten Hofe 102 Morgen, zu zwei andern resp. 63 und 57 und zu jedem der zwei kleineren 7 Morgen. Daneben ist den Hofbesitzern das herrschaftliche Außendeichland zur Weide überlassen, wie den Bürgern auf dem West-lande. Die 5 Höfe haben zusammen etwa 30 Kühe, 6 Twenter und 12 Enter, zur Feldarbeit 4 Spann Pferde, unter denen ein Hengst. Die Wirthschaft ist dieselbe wie auf dem Festlande. Die Bauern lassen das Land viel grün liegen, beackern es abwechselnd und säen Raps, Rocken, Gerste, Hafer und Bohnen, düngen stark und gewinnen vermuthlich in Folge des Einflusses der Seeluft oft bessere Früchte als die festländischen Nachbaren auf viel besserem Boden. Doch binden sie sich nicht an eine bestimmte Fruchtfolge und eine rationelle Bewirthschaftung eines Hofes kann man da nicht er-warten, wo, wie das nicht selten vorkommt, ein alter Matrose den Wirth macht.

4.

Die übrigen Erwerbszweige.

———

Die Schifffahrt, die früher eine dreifach stärkere Bevölkerung im Wohlstande leben ließ, ernährt jetzt nur dürftig etwa 35 von 100 Familien. Steuermänner und Matrosen, die auf großen Seeschiffen fahren, zählt Borkum wenig mehr als ein Dutzend. Sie sind nur selten zu Hause, bringen je nach ihrer Tüchtigkeit 200 bis 800 Gulden von ihren Reisen alljährlich zurück und pflegen sich sehr früh auf ihrem Eilande in Ruhe zu setzen, indem sie für ihr kleines Capital ein Häuschen mit Garten und Wiesenantheil kaufen und durch Landwirthschaft oder ein Fuhrwerk im Lande sich ernähren. Verheirathete giebt es wenige unter den Seefahrern; während die Ehemänner meist mit holländischen Schiffen nach Ostindien fahren, sorgen die Frauen für die Wirthschaft. Solche Familien pflegen in günstigern Verhältnissen zu leben, als die Besitzer „eigener kleiner Schiffe oder Schaluppen", die auf die Communication mit dem Festlande berechnet sind. An solchen Schiffen besitzt Borkum eine Flotille von 12 Fahrzeugen, deren Bestimmung es ist, die Bedürfnisse der Insel an Getreibe. Feuerung, Baumaterial vom Festlande zu holen, Vieh dorthin zu bringen und den Transport von Bade=gästen zu besorgen. Zugleich sind fünf derselben zum Fischfange eingerichtet, während die übrigen fast lediglich als Frachtschiffe dienen.

Die Fahrzeuge sind 40—60 Fuß lang, haben ein großes Mastsegel und zwei kleinere Segel und neben der Kajüte einen weiten Raum unter Deck für die Frachtgüter. Ein solches Schiff kostet völlig ausgerüstet auf den Rheden in Ostfriesland und Holland etwa 3000 Gulden, man rechnet, daß es ohne besondere Unglücksfälle 50 Jahre lang hält und während dieser Zeit einen Aufwand von etwa 2000 Gulden für Re=paraturen erfordert.

Die Bemannung besteht aus 2, bei weiteren Fahr=ten und beim Fischfange aus 3 und 4 Mann. In der Regel gehören zu einem Schiffe mehre, die den jährlichen Verdienst, der zufriedenstellend ist, wenn er die Höhe von 1000 Gulden holl. erreicht, unter ein=ander theilen.

Auf den Fischfang ziehen das ganze Jahr hin=durch, namentlich aber in der Zeit von Mitte April bis Ende Juni, jetzt nur noch 5 Fahrzeuge, von denen 2 unter dem Kiel Wasserbehälter führen, in denen der Butt und die Scholle lebend an das Festland gebracht werden — sie heißen „Buttaaken" — wogegen die übrigen trocknen Schiffe zum Transport des bald nach dem Fange sterbenden Schellfisches dienen. Die Fische wer=den theils nach dem Festlande gebracht, theils auf der Insel in großen Quantitäten getrocknet und wie Brod zu allen Mahlzeiten genossen.

Zum Fischfange fährt das Schiff in die hohe See und zieht vor dem Winde kreuzend ein großes Netz hinter sich her. Jedoch soll bei der starken Bemannung der Schiffe, den bedeutenden Kosten der Netze und dem Umstande, daß nicht selten es den Schiffen nicht möglich wird, das Festland mit guterhaltener Waare zu erreichen, der Fischfang im Allgemeinen ein weniger einträgliches Gewerbe, als die Frachtschifffahrt sein.

Den Fang der Seerobben überlassen die Borkumer den Nachbarn auf Juist. An Tagen der Muße suchen sie nach Ankern, die mit ihren Ketten am Meeresgrunde in den gefährlichen Mündungen der Ems viel vorkommen.

Der früher sehr einträgliche Austernfang verdient jetzt kaum der Erwähnung. Die Bänke, Eigenthum der Herrschaft, liegen in geringer Entfernung von der Insel und waren verpachtet an eine Anzahl Borkumer Schiffer. Die Borkumer Auster zeichnet sich durch Größe und zartes Fleisch aus und war der Ertrag der Bänke vor 20 Jahren noch so bedeutend, daß allein an das Conversationshaus zu Norderney über 40,000 Stück versandt wurden und die Pacht 40 Louisd'or betrug. Seit zehn Jahren aber liefern die durch Uebernutzung ruinirten Bänke keinen nennenswerthen Ertrag, und verständiger Weise hat seit 1854 das Amt dieselben beruhen lassen und in eigene Administration genommen. Die Austern liegen in bedeutender Meerestiefe auf einer mit Flintsteinen durchsetzten Kleischicht und geschieht der Fang, indem das mit starken eisernen Bügeln versehene zum Theil metallene Netz durch das segelnde Schiff über die Bank fortgerissen wird. Daß durch diese Procedur neben den ausgewachsenen auch die jungen Austern mit fortgerissen und die Bänke zerstört werden, liegt auf der Hand. Dagegen hat die Bestimmung der frühern Contracte, daß nämlich die unter 3 Zoll breiten Schaalen wieder ausgesetzt werden müssen, nicht schützen können.

Die Zeiten, wo auf den ostfriesischen Inseln das Strandrecht, wonach bei Strandungen Schiff und Ladung dem Strande und damit den Insulanern verfielen, sind längst vorüber; es wird auch nicht mehr um einen gesegneten Strand gebeten. Die Strandungsordnung von 1846, beruhend auf den Grundsätzen, daß die Eigenthumsverhältnisse durch die Strandung keine Aenderung erleiden, daß die Küstenbewohner zur Hülfe verpflichtet seien und dafür einen entsprechenden Lohn zu begehren haben, hat diese Verhältnisse vollkommen geregelt. Der Bergelohn beträgt in der Regel ein Drittel des Gebergenen und wird auf alle Familien vertheilt. Die Leitung der Arbeiten bei der Strandung führt der Voigt und mit ihm der Pastor- und Ortsvorsteher.

Ein Product wirft das Meer noch aus, welches von den ärmsten Bewohnern der Insel gesammelt wird, das Seegras. Es wird am Strande in Bündel zusammengebunden und in einigen beim Dorfe belegenen Kuhlen, den Flachsrötekuhlen ähnlich, gereinigt, dann zum Trocknen ausgebreitet und endlich in Ballen fest zusammengeschnürt an den Fährmann, das Pfund für 3—4 Pfennige zum Wiederverkauf auf dem Festlande, verhandelt. Je länger und trockner das Gras, desto beffer die Waare, die auch von den Badegästen gern mitgenommen wird.

Als Nachkommen eines seefahrenden Volkes lieben die Insulaner das ruhige solide Handwerk nicht sonderlich. Außer sieben Zimmerern und Tischlern, die zugleich Maurer sind und die Arbeit an Gebäuden und Schiffen verrichten, außer zwei Bäckern, die das Mehl der Insulaner verbacken und in der Badesaison sehr gutes Weizenbrod liefern, betreiben 2 Schuster, 1 Schmied und 1 Schneider ihre Gewerbe neben dem Landbau.

Die vier amtlich concessionirten Hofenhandlungen führen Colonial- und andere Waaren und befriedigen selbst die gewöhnlichen Bedürfnisse der Badegäste, was sich von den 3 Gastwirthschaften zur Zeit noch nicht behaupten läßt. Zu wünschen wäre im Interesse der Insulaner, daß jenen Handlungen, die übrigens ebenfalls neben der Landwirthschaft betrieben werden, der stark betriebene unbefugte Verkauf von Branntwein in kleinen Gemäßen untersagt würde.

Alle diese Erwerbsquellen aber würden nicht mehr im Stande sein, die Bevölkerung zu ernähren, wenn nicht der Besuch der 400—600 Badegäste den Insulanern eine bedeutende Nebeneinnahme zuführte.

Allein an Miethe nehmen die Hausbesitzer, je nachdem sie ein oder zwei Zimmer zu vermiethen haben, 30—60 Thlr. und mehr jährlich auf. Daneben wird an der Verköstigung der Badegäste ein nicht unerheblicher Gewinn in den Haushaltungen gemacht. Die Schiffer haben manchen Verdienst, indem sie kleine Seetouren, die beliebteste Unterhaltung der Badegäste,

unternehmen; ebenso finden die Fuhrleute, die den
Transport der Fremden von und nach dem entfernten
Landungsplatze der Schiffe besorgen und auch zu Touren am Strande viel gemiethet werden, manche Gelegenheit zum Verdienst.

5.

Kirchen-, Schul- und Armenwesen.

————

Die Kirche steht im nordöstlichen Theile des Dorfes, ist im Jahre 1805 gebauet, ein einfaches viereckiges Gebäude von 52½ Fuß Länge und 42 Fuß Breite, und 157 Kirchenstühlen. Sie lehnt sich an den Leuchtthurm, in welchem früher die Glocke hing. Jetzt wird die kleine Gemeindeglocke an einem hölzernen Gestelle neben der Kirche auch zum Einläuten des Gottesdienstes benutzt. Neben dem Gotteshause liegt der längst überfüllte Kirchhof, nicht weit davon das Pfarrhaus mit Gärtchen, ähnlich den übrigen Häusern mit der Scheune unter einem Dache gebauet und im Jahre 1828 angekauft, nachdem zehn Jahre vorher das alte Pfarrhaus wegen Baufälligkeit abgebrochen worden.

Das Schulhaus, ein kleines Gebäude mit großer Schulstube, einer Küche, Kuhstall und Gärtchen, liegt in der Mitte des Dorfes und hat früher wie das Pfarrhaus einem Commandeur angehört.

Man sollte denken, daß bei der großen Freigebigkeit, mit welcher die von ihren Reisen zurückkehrenden Commandeure der Armen durch Spendungen von Klei-

2*

dung und Nahrungsmitteln gedachten, auch Kirche und
Schule, namentlich in letztwilligen Verfügungen nicht
vergessen wären. Es fehlt aber leider an derartigen
Stiftungen aus jener guten alten Zeit, die namentlich
der gegenwärtigen bedürftigen Generation sehr zu Gute
gekommen wären, fast gänzlich. Der Seefahrer, der täglich sein Leben aufs Spiel setzt, lebt immer nur dem
Augenblicke und denkt eben nicht an die Zukunft. Die
einzigen Stiftungen verdankt die Bevölkerung dem erst
vor 15 Jahren verstorbenen Schiffs-Commandeur Roelof
Pieters Meyer, der der Kirche und der Armencasse jeder
1000 Gulden holl. vermachte. Mit den Zinsen dieses
Capitales, den Pachtgeldern von etwa 6 Morgen Land,
den Einnahmen von Brautkronengeldern (2 Gulden bei
jeder Trauung) und aus Strandungen, wo die Kirche
einen Bürgertheil erhält, bestreitet dieselbe ihre Ausgaben für Reparaturen des Gebäudes, für Kirchenläuten,
Aufstellung der Rechnung der Kirchenbücher, sowie die
Beiträge zur Prediger- und Schullehrer-Wittwencasse,
Ausgaben, die nach dem Durchschnitte der letztverflossenen
Jahre gegen 70 ℳ betragen.

Die Pfarre zu Borkum mag auf 600 ℳ zu ver-
anschlagen sein. Sie besitzt außer dem Wohnhause
einen ganzen Altbauernplatz von 31 Morgen in 52 durch
das ganze Land zerstreuten Wiesenstücken, die mindestens
einen Pachtertrag von 150 ℳ geben. Dahinzu kommen
aus dem ostfriesischen Kirchen- und Schulenverbesse-
rungsfonds die Summe von 100 ℳ, sowie aus der
Klostercasse zu Hannover 50 ℳ und aus der Collecten-
casse zu Aurich 11 ℳ, ferner von der Gemeinde ein
Fixum von 150 Gulden. Außerdem bezieht der Prediger

als Mitglied der Strandungs-Commission zwei Stran-
dungsportionen und die Gebühren für Taufen (10 gr),
für Confirmation (20 gr bis 1 ℳ), für Copulationen
(2 Gulden) und ist von allen Commune-, Deich- und
Syhllasten frei.

Die Schulstelle ist so schlecht dotirt, daß der Lehrer,
wenn er nicht bemittelt ist, wie der jetzige, der ein Bür-
gerhaus mit einigen Kuhweiden eigenthümlich besitzt und
vornehmlich seiner Landwirthschaft obliegt, oder wenn
er nicht, wie die alten Schulmeister, zugleich mit dem
Kramhandel concessionirt ist.

Neben 70—80 ℳ Schulgeldern von etwa 60 Kindern
erhält die Stelle einen Zuschuß von 30 ℳ aus der
Königlichen Intelligenzcasse zu Aurich und 15 ℳ aus
Königlicher Generalcasse. Der Dienst eines Vorsängers
in der Kirche (Küster und Kirchendiener), der mit der
Schulstelle verbunden ist, bringt 22 ℳ ein, die von der
Gemeinde aufgebracht werden.

Die Schulkinder vom 6. bis 14. Jahre werden in
e i n e r Classe zu gleicher Zeit in drei Abtheilungen unter-
richtet; während die kleinsten, etwa 30 an Zahl, lesen und
die größeren, etwa 20, schreiben, üben die ältesten sich im
Rechnen. Daher mag es denn kommen, daß die Schul-
jugend in keinem dieser drei Stücke es weit bringt.

Vom Armenwesen läßt sich nur sagen, daß es
bis jetzt eigentlich Arme nur selten giebt. Wenn auch
die allgemeine Wohlhabenheit bedeutend abgenommen
hat, so ist die unterstützungsbedürftige Armuth doch
noch nicht zu finden. Es lebt noch unter der Bevölkerung die Ueberzeugung, daß Almosennehmen schimpf-
lich sei. So ist das kleine Gemeinde-Armenhaus nur

selten von einer bedürftigen Wittwe besetzt. Allgemeine Collecten haben seit lange nicht Statt gefunden. Die Mildthätigkeit der wohlhabenden Familien hat mit den Zinsen des Meyerschen Armenlegats von 1000 Gulden holl., der Einnahme aus dem Klingebeutel und von einigen Grundstücken bisher hingereicht, um der vorhandenen Noth abzuhelfen.

6.

Borkum als Seebad.

———

Borkum hat als Seebad eine große Zukunft, wenn die Kenntniß von den unschätzbaren Heilkräften des Meeres in Deutschland sich erst weiter verbreitet hat und wie in England jährlich Hunderttausende am Meeresstrande Erholung, Stärkung und neuen Lebensmuth suchen.

Die Insel erfüllt alle Bedingungen eines Seebades vollkommen. Sie ist weit genug von den Mündungen der Ems entfernt, um gegen die Beimischung des süßen Wassers geschützt zu sein. Das Nordseewasser ist von besonders starkem Salzgehalte; der Wellenschlag und die Fluth sind hier kräftiger als auf irgend einer der anderen Nordseeinseln. Der Strand ist fester, sandiger Boden und verläuft ganz allmälig und ohne gefährliche Stellen sanft in die Tiefe. Die Seeluft ist rein und frisch, die Temperatur milde und gleichmäßig. Zur Bewegung in freier Seeluft bietet die große Insel mit ihrem weit sich hinziehenden Strande und den schönen Weiden hinreichenden Raum. Die Natur hat, um Borkum zu einem Seebade ersten Ranges zu eignen, Alles gethan, der Mensch nur erst wenig.

Zum Baden dient der vom Dorfe 15—20 Minuten entfernte West= und Nordweststrand; an diesem baden die Damen, an jenem die Herren. Der Weg über die Dünen ist theilweise mit Rasensoden belegt. Am Herrenstrande befinden sich einige größere Badezelte, von der Gemeinde Borkum erbaut, am Damenstrande eine größere Anzahl kleinere für 1 oder 2 Personen eingerichtete Zelte, die theils Eigenthum der badenden Damen, theils im Besitze einzelner Insulaner sind und von diesen den Damen für 20—30 *sgr* die Woche ver- miethet werden. Badekutschen fehlen und sind also die Badenden genöthigt, aus den hochgelegenen Zelten über den Strand ins Wasser zu gehen. Die Herren werden von zwei Badewärtern bedient und haben für den Gebrauch der Zelte 1 *♔* 5 *sgr* für 4 Wochen und ein Trinkgeld an jene zu bezahlen. Die Damen pflegen aus ihren Häusern die Mägde oder erwachsenen Töchter gegen ein Geschenk mitzunehmen. Regelmäßig wird nur einmal am Tage bei hoher Fluth gebadet. Ein= richtungen zu warmen Bädern sind noch nicht getroffen.

Die Wohnungen in den Häusern der Insulaner sind im Allgemeinen freundlich, hell und reinlich gehalten, machen mit ihren antiquen Schränken, Bettbänken, Uhren, und holländischen Kaminen meistens einen gemüthlichen Eindruck. Die Miethe beträgt 3—4 *♔* wöchentlich, steigt aber bei größerer Frequenz bis auf 7 *♔*. Bett- stellen finden sich nur etwa in 16 Häusern, in den übrigen sind, wie in den Schiffskojen, die Lagerstätten in schrankähnlichen Bretterverschlägen an einer Seite des Zimmers angebracht, eine Einrichtung, die auf die langen Winter berechnet ist, im Sommer aber den Badegästen sehr lästig wird, da sie den freien Zugang der Luft behindert. Wer erst im Spätsommer die Badereise antreten kann, darf nicht versäumen, sich mit einer wollenen Decke zu versehen, da es an genügendem Bettzeuge nicht selten fehlt. In den größeren Häusern, in welchen zwei oder gar drei Räume den Badegästen abgetreten werden können, pflegen Familien bei der Freundlichkeit der Insulaner ganz wie im eigenen Hause zu leben, auch selbst zu kochen, zu waschen u. s. w. Der Badegast kann Kaffee und Thee jederzeit von seiner Hauswirthin erhalten. In einem der kleinen Gasthäuser (bei Frau Visser) ist eine Table d'hôte zu finden, die leider in sehr enger Räumlichkeit etablirt und nicht immer gleich gut ist. Doch ist es rathsam, für Frühstück und Abendbrod in Emden sich namentlich mit Schinken und Nagelholz, sowie mit Colonialwaaren zu verproviantiren.

Während ein Landchirurgus vorhanden ist, der zugleich eine Apotheke auf der Insel hält, und zur Zeit auch den Voigtsdienst bekleidet, fehlt es an einem Arzte, doch kann man sicher rechnen, daß unter den Badegästen immer einige Doctoren sind.

Die Verbindung mit dem Festlande mittelst des Emdener Dampfschiffes läßt, was die Zahl der Fahrten betrifft, viel zu wünschen übrig.

Außerdem vermittelt ein Fährschiff, welches zugleich die herrschaftlichen Correspondenzen besorgt und von den Insulanern, die nicht eigene Schiffe haben, benutzt werden muß, den Transport von Menschen und Effecten. Während das Fährschiff aber von Wind und Wetter sehr abhängig ist, pflegt das Dampfschiff den Fahrplan, der vor Beginn der Saison publicirt wird, strenger inne zu halten. Jedenfalls ist es dem Fremden zu rathen, auf der Hinreise zur Insel sich dem letztern anzuvertrauen. An Gelegenheit zu Zerstreuungen fehlt es dem Badegaste nicht.

Am interessantesten ist ein Besuch auf der benachbarten holländischen Insel Rottum. Bei gutem Winde fliegt das Schiff in kaum zwei Stunden hinüber über die köstlichen Wogen, aus denen Seehunde neugierig ihre schwarzen Köpfe erheben und Delphine in wunderlichen Krümmungen emporsteigen, während durch die Lüfte, bald sanft getragen, bald schnell dahin schießend, die Möven ziehen und Enten in langen Zügen der Insel zufliegen, die mit ihren langen weißen Dünenreihen im Sonnenschein geheimnißvoll vor dem Landenden sich ausbreitet. Kaum am Strande ausgestiegen und den Dünen sich nähernd, wird die Reisegesellschaft überrascht von unzähligen Schwärmen von Vögeln, die, von ihren Nestern aufgestört, mit dem den Seevögeln eigenen klagenden melancholischen Gekreische über den Häuptern der Friedenstörer hin und her schweben. Die Dünen sind übersäet mit Eiern und jungen Vögeln, so daß man auf jeden seiner Schritte aufmerksam sein muß, um nicht die auf dem platten Sande liegende Hoffnung eines Seemövenpaares zu vernichten. Ist die letzte Dünenreihe unter steter Begleitung klagender Vögelschwärme, deren Massen aus den übrigen Theilen der Insel sich mehr und mehr verstärkt haben, erstiegen, so liegt vor dem Reisenden ein großes Gehöft, in holländischem Stile neu aufgeführt, ohne Stockwerk, massiv von rothen Backsteinen, die Fensterrahmen gelb, die Klapten und Thüren grün, oben auf dem Dache eine kleine Plattform zur Ausschau in die See, durch eine am Dache hinunter laufende roth angestrichene Treppe mit dem Erdboden verbunden, hinter dem Hause und der Scheune ein Garten, davor ein Hof, besetzt mit Pyramiden von Schiffstrümmern.

In diesem eigenthümlichen Gehöfte, der einzigen menschlichen Wohnung auf der Insel, residirt der holländische Voigt mit einer Reihe rüstiger Söhne, dazu bestellt, verunglückten Schiffen Hülfe zu bringen und die Insel gegen die Einbrüche der See zu schützen. Winter und Sommer sitzt diese Familie auf der einsamen Sandinsel allein und nur die große Thätigkeit und der erhebliche Verdienst können ihr Ersatz gewähren für die Entbehrung der menschlichen Gesellschaft. Ist auf einer der benachbarten Sandbänke ein Schiff gescheitert, so gilt es die Mannschaft und Fracht in Böten an den Strand und von dort mit einem Wagen in das Gehöft zu bringen. Die geretteten Seeleute werden durch Aufnahme im Wohnhause, die Waaren so wie die Schiffstrümmer in der großen Bergescheune in Sicherheit gebracht. Tage und Nächte lang hat alsdann bei furchtbaren Stürmen und eisigem Wetter die Familie saure Arbeit. Dafür erhält der Voigt von der Regierung reichlichen Tagelohn, hat aber keinen Antheil an den Strandgütern.

Weniger sauer und viel einträglicher ist das tägliche Einsammeln der Vogeleier, die nach dem Festlande hin verkauft, und namentlich von Conditoreien sehr gesucht werden. Die Eier der größern Möven sind größer als Enteneier, schmecken aber etwas streng. Die Enten von verschiedener Gattung sind so zahm, daß sie ganz nahe dem Gehöfte in künstlichen Höhlungen im Sande ihre Eier legen.

Außer diesen gefiederten Schaaren ist die Insel noch durch eine Heerde von 50—60 Stück jungen Rindviehes belebt, welches von holländischen Schlachtern und Landwirthen hinüber transportirt, auf den großen im Süden der Insel belegenen Weidestrecken für ein Weidegeld von 10—15 Fl. weidet. Der Voigt selbst hat für seinen Bedarf nur einige Milchkühe. Rechnet man nun zu seiner Besoldung von 400 Fl. nebst freier Wohnung und Station den mindestens auf 1500 Fl. zu veranschlagenden Ertrag für den Verkauf der Eier, so wie 5—600 Fl. für Weidegeld und den hohen Tagelohn bei Strandungen und für Helmanpflanzungen, so entbehrt das Gerede auf Borkum, daß der Voigt zu Rottum eine vorzügliche Stelle habe und ein reicher Mann sei, wohl nicht des Grundes.

Nachdem die Besucher der Insel an dem Innern des Hauses, namentlich den vielen aus Schiffbrüchen geretteten, in mehren Glasschränken aufgestellten Raritäten sich erfreut, auch durch eine Mahlzeit Schinken und Kartoffeln von bester Sorte und einem vorzüglichen Rothwein sich gestärkt, auch vielleicht ein Thonpfeifchen mit bestem holländischen Kanaster geraucht haben, eilen sie wieder zu Schiffe, um in Borkum den übrigen Badegästen die Wunder der Insel Rottum zu erzählen.

Interessant, aber selten mit Erfolg gekrönt, ist die Jagd auf Seehunde. Es gelingt wohl dies Thier vom Schiffe aus zu schießen, wenn es den starken Kopf weit über das Wasser erhebt, aber selten glückt es, das angeschossene Thier zu erreichen, indem es sich möglichst unter Wasser hält und nur im Augenblicke des Verendens für kurze Zeit an die Oberfläche treibt. Wenn

aber die Ebbe die Sandbänke im Meere vom Wasser
entblößt und die Sonne warm auf den Sand scheint,
dann kriecht der Seehund gern in größerer Gesellschaft
auf die Bank, um bis zur Fluth im Sande sich zu lagern.
Das Schiff mit den Jägern legt sich in die Nähe solcher
Bänke. Erscheinen auf einer die Seehunde, so sucht das
Schiff im weiten Bogen dieselbe zu gewinnen, setzt auf
dem Sande seine Jäger ab, die sofort sich der Länge
nach hinwerfen und, auf die Ellenbogen gestützt, die
Bewegungen der Seehunde mit dem Oberkörper nach-
machen, während das Schiff sich von der Stelle wieder
entfernt. Ist auch der Seehund bei der Annäherung
des Schiffes ins Meer gestiegen, so pflegt er doch auf
die Sandbank zurückzukehren, wenn es den seines Glei-
chen dort spielenden Jägern gelingt, ihn zu täuschen. Es
handelt sich nun darum, den Thieren, wenn sie nicht in
Schußweite aufs Trockene kamen, auf dem Bauche krie-
chend nahe zu kommen. Diese Augenblicke sind im höchsten
Grade spannend. Der Seehund ist neugierig und ge-
sellig, aber auch sehr klug und die geringste Unvorsichtig-
keit auf Seite der Jäger treibt ihn in die Fluth zurück.
Da die Seehunde sich am meisten in der Nähe der Insel
Juist aufhalten, so hat der Jäger zugleich Gelegenheit,
diese Insel zu besuchen, die übrigens den andern Nordseeinseln gleicht, nur weniger grün als Borkum ist. Bei
günstiger Beleuchtung gewährt der Leuchtthurm eine schöne
Aussicht. Um den Thurm gruppirt sich das Dorf mit
seinen Gärten, umgeben von Wiesen, und rings um-
gürtet von den Dünenreihen, dahinter das offene Meer
mit seinen Brandungen und weißen Schiffssegeln.

Zu kleineren Touren bietet die Ausdehnung der

Insel die schönste Gelegenheit. Will man nach Tisch sich eine gemüthliche Tasse Kaffee verdienen, so gehe man den Strand entlang oder über die Weiden an der kleinen Franzosenschanze, welche als ein Andenken an die Continentalsperre von der Herrschaft erhalten ist, vorbei nach dem vom Dorfe drei viertel Stunden belegenen Ostlande, wo man in einem der Gehöfte freundliche Aufnahme findet. Soll der Magen — der bekanntlich im Seebade immer Großes leistet — besonders glücklich disponirt werden, so jage man bei Sonnenuntergang Düne auf Düne ab nach Kaninchen. Verlangt das Herz nach Erhebung, so wandle man beim Sonnenaufgang oder Untergang oder in milder Mondennacht am Meere, athme die göttliche Seeluft in vollen Zügen und komme den großen Wundern dieser erhabenen Natur mit andächtigem Gemüth entgegen.

Borkum zu einem großen Nordseebade zu erheben, würde nicht schwer halten. Die Insel theilt nicht nur alle natürlichen Vortheile der Nachbarinsel Norderney, sondern hat sogar vor diesem berühmten Seebade wesentliche Vorzüge. Sie bestehen in dem größern Umfange der Insel, der reicheren Vegetation, den ausgedehnten Weiden mit einer großen Heerde Milchvieh, ferner in einem kräftigen Wellenschlage.

Es fehlt vornehmlich:

1) an einer häufigern und sichern Verbindung mit dem Festlande;

2) an einem Badearzte und

3) an einem Gasthause mit größern Räumlichkeiten.

Gelingt es nur diese drei Hauptforderungen zu er-
füllen, so werden die übrigen Wünsche der Badegäste:
nach einem bessern Wege zum Strande, Badekutschen,
Anschaffung von Bettstellen und Sopha's in den Wohnungen sehr bald befriedigt werden.

Ein günstiger Blick aber der Königlichen Regierung
würde genügen, um jenes Ziel, Deutschland ein neues
großes Seebad zu eröffnen, zu erreichen. Man sagt in
Ostfriesland, dieser gute Wille gehe der Königlichen Regierung ab; sie fürchte wegen ihres begünstigten Seebades auf Norderney die Concurrenz und wünsche gar
nicht ein Emporkommen Borkums. Es ist nicht zu glau-
ben, daß Königliche Regierung einer solchen Krämer-
politik huldigen wird. Sie wird ermessen, daß sie an
der Nordküste auch in dieser Beziehung einen Schatz hat,
der nur erst zum kleinsten Theile auf Norderney gehoben
ist. Es wird nicht lange währen, so wird, wie in England — an dessen Küsten sich an 80 Seebäder befinden,
von denen manche zehn bis zwanzig Tausend Badegäste
jährlich aufnehmen — das ganze Innere des Landes den
Segen des Meeres aufsuchen. Der Andrang wird so
groß, daß neben Norderney mit seinen großen Vorzügen
für die höheren Classen der Gesellschaft noch mehre Seebäder floriren können, ohne jener Insel im Geringsten
Eintrag zu thun.

Die Königliche Regierung hat hier in der That
Gelegenheit, Großartiges zu schaffen und zwar mit geringen Mitteln. Herstellung einer bessern Verbindung
und Anstellung eines tüchtigen Badearztes, das sind die
beiden Forderungen, nach deren Erfüllung es einem ge-
wandten Badecommissair — etwa einem committirten

jungen Beamten — bald gelingen wird, eine große Zu=
kunft der Insel anzubahnen. Capital wird sich ohne
Zweifel finden; die Aerzte können mit ungewöhnlich gutem
Gewissen das Interesse des Seebades fördern.